Nichts als Steine

Sammeln, basteln, spielen

Inhalt

Kleine Steinkunde 2
Steine und Mineralien 3
Mein Lieblingsstein 4
Steinstrukturen malen 6
Zielwerfen 8
Boccia 9
Ein Amulett aus Stein 10
Die Steinrassel 12
Marmorieren 14
Das Labyrinth 16
Ein Stein wandert im Kreis 18
Steine hüpfen übers Wasser 19
Familie Stein 20
Das Steinspiel 24
Ein Gebilde aus Stein 26
Hüpf in den Himmel 28
Hüpfspiel »Schnecke« 29
Das Steinaquarium 30

Impressum, Bildnachweis 32

SÜDWEST

Fast die gesamte Erde – Land, Gebirge und Meeresgrund – besteht aus Gesteinen und Mineralien. Es gibt Tausende von verschiedenen Gesteinsarten auf unserem Planeten. Jeder hat schon einmal einen runden Kieselstein in der Hand gehalten, freudig einen glitzernden Stein entdeckt oder eine Versteinerung als besonders kostbaren Fund mit nach Hause genommen.

So sieht abgekühlte und erstarrte Magma aus dem Erdinneren aus.

Kleine Steinkunde

Bestimmt hast du dich schon oft gefragt, wie Steine eigentlich entstanden sind oder wie ihre Vielfalt an Formen, Farben, Musterungen und Strukturen zustande gekommen ist. Warum gibt es kleine, große, einfarbige, gefleckte, gestreifte, glitzernde oder schimmernde Steine?

Gesteine sind aus Mineralien zusammengesetzt. Mineralien sind Stoffe, die überall auf und in der Erde vorkommen. Die meisten Gesteine bestehen aus mehreren Mineralien, die über Millionen von Jahren häufig Tiere oder Pflanzen konserviert, das heißt in sich eingeschlossen haben. Auf diese Weise tragen die Gesteine immer auch die Geschichte unserer Erde in sich. Die Entstehung der Gesteine hängt also eng zusammen mit der Entstehung unserer Erde vor etwa vier Milliarden Jahren. Ihre Oberfläche war lange Zeit eine heiße, glutflüssige und brodelnde Gesteinsmasse. Allmählich kühlte sie ab, doch im Erdinnern brodelt immer noch heißes Gestein. Die abgekühlte Erdkruste – so nennt man die oberste, harte Schicht unseres Erdballs – besteht aus verschiedenen Gesteinen.

Das unterschiedliche Aussehen erhalten die Gesteine durch ihre verschiedenen Entstehungsarten. Bei Vulkanausbrüchen strömt glutflüssiges Magma aus dem Inneren der Erde. Es kühlt ab und verfestigt sich zum sogenannten ***Ergussgestein****. Unsere Erdkruste besteht zum größten Teil aus solchem Gestein. Die Naturkräfte unserer Erde wie Wind, Regen, Sonne, Frost und Meerwasser sind stark genug, um ganze Gebirge mit der Zeit abzutragen und riesige Gesteinsblöcke zu zerkleinern. Ströme und Flüsse reißen diese Teile mit sich und schwemmen sie in Meere und Seen. Diese sogenannten Sedimente schichten sich immer höher und verfestigen sich schließlich zum* ***Sedimentgestein****. Sedimente enthalten häufig versteinerte Überreste früherer Lebewesen (Fossilien). Die dritte Entstehungsart von Gestein erfolgt durch Druck und Hitze auf Magma- oder Sedimentgestein in der Erdkruste. Unter solchen Bedingungen verändern die Gesteine ihre Struktur und werden deshalb* ***Metamorphite****, also umgewandeltes Gestein, genannt.*

Steine und Mineralien

Überall auf der Erde werden die Gebirge und die Landschaften durch Steine gestaltet. Die ältesten Steine sind etwa vier Milliarden Jahre alt. Andere sind viel jünger, und auch heute noch bildet sich stets neues Gestein. Wenn man so einen harten, festen Stein in der Hand hält, könnte man meinen, er sei ein einheitlicher Körper. Er besteht aber aus vielen verschiedenen »chemischen« Verbindungen, die man Mineralien nennt. Mineralien finden sich überall auf der Erde. Sie werden deshalb auch die Bauträger unserer Erde genannt. Sie können mehrere Meter groß bis mikroskopisch klein sein. Wir kennen heute über 2000 Mineralienarten, von denen 300 häufiger vorkommen. Unsere Erdkruste setzt sich zu neun Zehnteln aus zehn Mineralien zusammen.

In der Erdkruste und in Himmelskörpern kommen zahlreiche Mineralien vor. Vielleicht kennst du einige der verbreitetsten wie Feldspat, Glimmer oder Quarz. Wie und woraus sich ein Stein zusammensetzt, erkennst du am besten, wenn du dir einmal die Bruchflächen eines zerbrochenen Steines genauer anschaust.

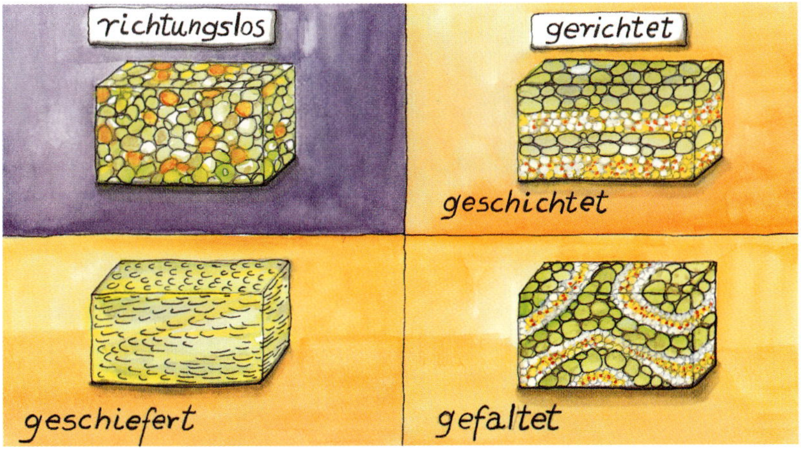

Aus welchen Mineralien sich ein Stein zusammensetzt, bestimmt auch sein typisches Aussehen. Er kann rot, blau, gelb, grün, weiß, grau oder schwarz gefärbt sein. Die Mineralien können im Gestein richtungslos, in Schichten vorhanden, geschiefert oder gefaltet sein. Sehr kleine Gesteinsstücke nennt man Sand. Heller Sand besteht aus Quarz. Aber auch kleine Sandkörner können aus mehreren Mineralien zusammengesetzt sein. Größere, rundliche Gesteinsstücke nennt man Kiesel oder einfach Steine. Du findest sie überall in deiner Umgebung. Der schwerste Kieselstein unserer Erde befindet sich in Frankreich. Er wiegt drei Tonnen. Noch größere Stücke nennt man Blöcke oder Felsen.

Feldspat gehört zur Gruppe der gesteinsbildenden Mineralien.

Mein Lieblingsstein

Achte beim nächsten Spaziergang einmal auf die Vielfalt der verschiedenen Steine. Du kannst Muster aus Steinen am Ufer auslegen und einen schön geformten Stein als »Handschmeichler« in deiner Jackentasche mit nach Hause nehmen.

Bestimmt hast du bei einem Spaziergang am Ufer eines Flusses oder bei einem Ausflug in die Berge die Gelegenheit, Steine zu sammeln. Die verschiedenen Steine sehen ganz unterschiedlich aus: Sie sind klein, groß, rund, flach oder auch kantig. Sie können weiß sein, grau, schwarz, rot, blau, grün oder gelblich. Sie sind matt oder schillernd, gepunktet, gefleckt oder gestreift. Sammle einige Steine und schau sie dir ganz genau an. Nimm einen Stein in die Hand, schließe die Augen und versuche durch Tasten, die Oberfläche des Steines genau zu erspüren. Was kannst du fühlen? Ist die Oberfläche glatt oder rauh? Ist der Stein rund oder kantig? Ist er schwer oder leicht? Nimm nacheinander verschiedene Steine in die Hand – du wirst über die großen Unterschiede staunen. Suche aus deiner Steinesammlung deinen Lieblingsstein heraus.

Mit Kieselsteinen kann jeder etwas anfangen: werfen, bauen, basteln – oder einfach nur anschauen.

Steine sind schöne Erinnerungen an den Urlaub oder an einen Ausflug. Die schönsten Funde kannst du als Briefbeschwerer verwenden oder als Schmuckstück ins Regal stellen.

1 Gib etwas Spülmittel und warmes Wasser in einen Eimer. Lege deinen Lieblingsstein hinein und säubere ihn mit einer alten Bürste. Lasse den gewaschenen Stein gründlich trocknen.

2 Nun kannst du mit einem Filzstift in schöner Handschrift deinen Namen auf den Stein schreiben. Auch das Bemalen mit Wasserfarben ist eine Möglichkeit, deinen Lieblingsstein zu verschönern.

Ab 6 Jahren
ohne Anleitung

Material

Einzelner Stein; kleiner Eimer oder Plastikwanne; Spülmittel; alte Spül- oder Gemüsebürste; Filzstift; Wasserfarben; Pinsel

Besonders schöne Steine können auf der Unterseite mit Datum und Fundort beschriftet werden.

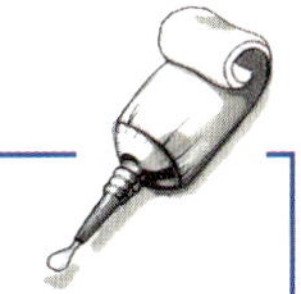

Damit dein Lieblingsstein schön glänzt, überziehe ihn noch mit Klarlack.

Steinstrukturen malen

Ab 7 Jahren unter Anleitung eines Erwachsenen

Strukturen, die du auf Steinen siehst, kannst du auch selbst mit Farbe und Pinsel gestalten. Sammle dazu Steine mit interessanten Farben und Strukturen (Streifen, Punkten und Flecken) und reinige die Steine gründlich. Dann siehst du dir die Steine genau an: Welche Ähnlichkeiten haben sie, und worin unterscheiden sie sich? Entscheide dich für ein bestimmtes Exemplar, das du gerne nachmalen möchtest.

Material

- Gesammelte Steine als Vorlage
- Papier, eventuell Packpapier
- Malkasten
- Dünner Pinsel
- Breiter Pinsel
- Borstenpinsel

1 Wasche den Stein zuerst in warmem Wasser und lasse ihn trocknen. Decke deinen Arbeitsplatz gut mit alten Zeitungen ab. Lege den Stein vor dich hin und sieh ihn dir genau an.

2 Zuerst malst du mit dem breiten Pinsel die Grundfarbe des Steins auf das Blatt Papier. Vielleicht musst du dafür erst Farben mischen. Zum Aufhellen des Farbtones benutzt du Deckweiß.

3 Ist die Grundierung gründlich getrocknet, malst du mit dem dünnen Pinsel darauf die Struktur. Achte dabei auch auf die unterschiedlichen Farben.

4 Punktartige Strukturen erhältst du, indem du mit der Spitze des kleinen Pinsels auf das Papier tupfst. Achte darauf, wie nah die Punkte aneinander liegen.

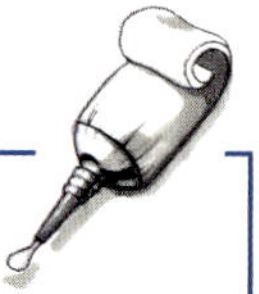

Du kannst auch gepunktete Muster mit deinem Pinsel auf den bereits gemalten Untergrund spritzen. Vorher solltest du aber deinen Arbeitsplatz mit alten Zeitungen abdecken.

5 Geschichtete oder gefaltete Strukturen erzielst du mit dem Borstenpinsel, indem du ihn je nach Vorlage wellenförmig, gerade oder in kurz abgesetzten Strichen über das Papier führst.

6 Zuletzt vergleichst du deine Kunstwerke nochmals mit den Originalen. Du kannst aber auch ganz frei erfundene Strukturen malen. Deiner Phantasie sind dabei keine Grenzen gesetzt.

Viele Künstler orientieren sich beim Malen ihrer Bilder an Mustern und Strukturen, die sie in der Natur vorfinden. Diese Stilrichtung, die abstrakte Malerei genannt wird, ist also gar nicht so abstrakt. Vielleicht hast du einmal die Gelegenheit, Bilder von Paul Klee oder Wassily Kandinsky, zwei der bekanntesten Vertreter der abstrakten Malerei, anzuschauen. Du wirst viele bekannte Formen und Strukturen in ihnen entdecken.

Die verschiedenen Steinstrukturen können mit Farbe und Pinsel nachgemalt werden.

Zielwerfen

Ab 6 Jahren
unter Anleitung eines
Erwachsenen

Diese Spiele könnt ihr mit einfachen Mitteln im Freien spielen. In größeren Gruppen machen sie am meisten Spaß. Setzt vor Spielbeginn fest, wie viele Durchgänge ihr machen wollt.

Wenn ihr viele Teilnehmer seid, bildet ihr am besten zwei Gruppen. Seid ihr nur wenige Teilnehmer, so spielt jedes Kind für sich. Jeder Mitspieler sammelt zu Beginn des Spiels drei Steine. Dann legt ihr mit einem Seil einen Kreis von etwa einem Meter Durchmesser, oder ihr zeichnet im Freien mit Kreide einen Kreis auf den Boden. Auf dieselbe Art legt ihr eine Markierungslinie an, die etwa fünf Meter – das sind fünf große Schritte – vom Kreis entfernt sein sollte. Jetzt versucht die erste Gruppe, Steine in den Kreis zu werfen. Wenn alle Spieler an der Reihe waren, werden die Steine im Kreis gezählt und herausgenommen. Nun ist die zweite Gruppe an der Reihe. Spielt jedes Kind für sich, merkt es sich nach jedem Durchgang seine Trefferzahl und zählt sie am Schluss zusammen. Sieger ist, wer die meisten Steine in den Kreis geworfen hat.

Eine ruhige Hand und genaues Zielen sind hier wichtig.

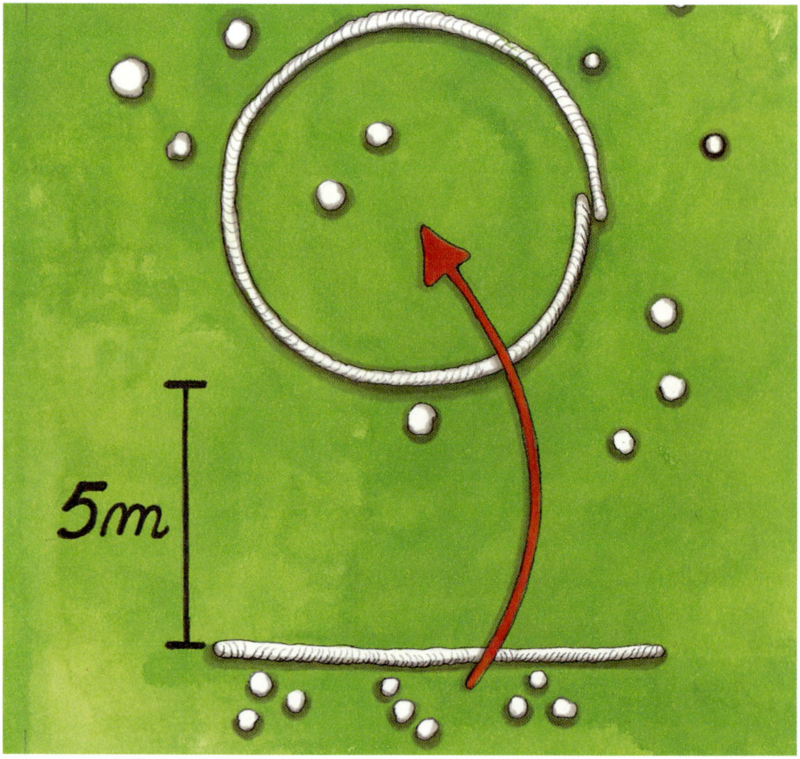

Über eine Distanz von fünf Metern werden die Steine in den Zielkreis geworfen.

Boccia

Ab 6 Jahren unter Anleitung eines Erwachsenen

Boccia (ausgesprochen wird es »Bottscha«) ist ein altes, traditionsreiches Spiel aus Italien. Es zählt zu den populärsten Spielen des Landes, und wer von euch schon in Italien war, hat bestimmt einmal fasziniert einer Gruppe Bocciaspieler beim Spielen zugeschaut. Boccia spielt ihr am besten im Sand. Zuerst sammeln alle Mitspieler Steine. Die Steine sollten etwa so groß sein, dass ihr sie leicht in die Hand nehmen könnt. Jeder Mitspieler markiert seinen Stein mit einem Zeichen oder dem Anfangsbuchstaben seines Namens. Zusätzlich sucht ihr als »Zielstein« einen Stein, der etwa halb so groß ist wie die anderen. Dann zieht ihr mit einem Stock eine Markierungslinie in den Sand. Auf Pflastersteinen könnt ihr die Linie auch mit Kreide aufzeichnen, im Gras mit einem Seil oder Ästen legen.

Jeder Spieler versucht seinen Stein möglichst nahe an den Zielstein (siehe Pfeil) zu werfen.

Wer beginnen darf, entscheidet ihr vielleicht per Los oder Auszählreim. Der erste Spieler soll den kleinen Stein von der Markierungslinie aus möglichst weit werfen. Anschließend darf er seinen eigenen Stein werfen. Versucht werden muss, den eigenen Stein möglichst nahe an den Zielstein zu werfen. Haben alle Mitspieler ihren Stein geworfen, wird mit einem Maßband oder einer Schnur gemessen, welcher Stein dem kleinen Stein am nächsten liegt. Der Werfer dieses Steines ist Sieger und darf beim nächsten Durchgang beginnen und auch den Zielstein werfen. Wie viele Runden ihr spielen möchtet, bestimmt ihr selbst.

Auch in England liebt man Boccia; dort nennt man es »bowls«.

Ein Amulett aus Stein

Ab 6 Jahren unter Anleitung eines Erwachsenen

Diese Halskette kannst du mit einfachen Mitteln basteln. Du benötigst dazu lediglich einen Stein, den du unter deinen Lieblingssteinen auswählst, und ein Lederband. Vielleicht möchtest du deinen Stein aber auch noch mit Farbe und Pinsel verschönern. Du kannst ihn mit deinem Namen beschriften oder mit deinem Sternzeichen bemalen. Die Steine für dein Amulett sollten eher rundlich und flach geformt sein.

Material

Steine
Kleiner Eimer
Spülmittel
Alte Gemüsebürste
Plakafarben; Pinsel
Klarlack; Lederbänder

1 Wenn du einen geeigneten Stein für dein Amulett gefunden hast, säuberst du ihn zuerst gründlich mit warmem Wasser und Spülmittel und lässt ihn anschließend gut trocknen.

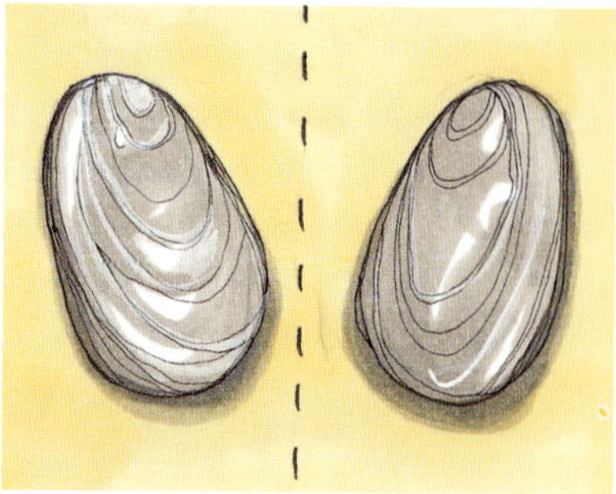

2 Betrachte nun den Stein und entscheide, welche Seite die Vorder- und welche die Rückseite wird. Achte darauf, dass die Rückseite des Steines nicht zu spitz ist und dich nicht beim Tragen drückt.

Vielleicht findest du beim Steinesammeln einen Stein in deiner Lieblingsfarbe oder mit funkelnden Mineralien. Nimm ihn mit nach Hause. Als Amulett eingefasst, wird er dein ständiger Begleiter sein.

3 Du kannst den Stein noch mit Farbe und Pinsel gestalten. Trage die einzelnen Farben nacheinander auf und lasse sie immer gut trocknen.

4 Überziehe den Stein nun noch auf beiden Seiten mit Klarlack, so glänzt er später besonders schön. Lasse den Lack vor dem nächsten Schritt gut trocknen.

5 Nun verschnürst du den Stein sorgfältig mit einem Lederband – so wie ein Paket. Achte darauf, dass er eng genug eingefasst ist und nicht aus dem Schnurbündel herausfallen kann.

6 Ziehe das zweite Lederband durch die Verschnürung und verknote die beiden Enden miteinander. Hebe die Kette kurz hoch und überprüfe, ob der Stein nicht nach vorne fällt.

Das Wort »Amulett« stammt aus dem Lateinischen und bedeutet »Abwehrmittel gegen Unheil«. Schon in vorgeschichtlicher Zeit sollte ein Amulett seinen Träger beschützen und ihm Kraft und Stärke verleihen. Ein schönes Geschenk und Glücksbringer für jemanden, den du gerne hast.

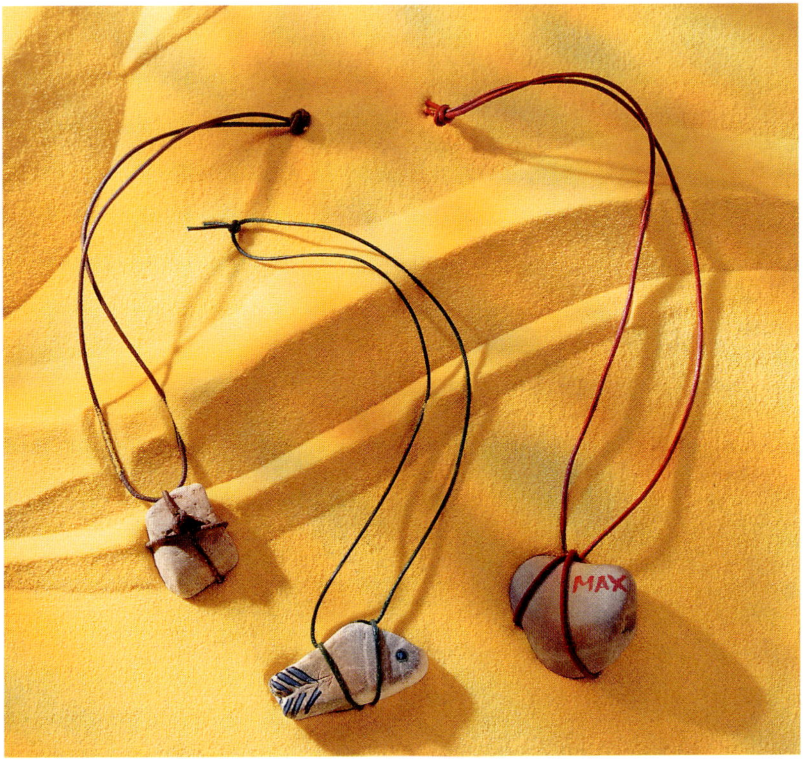

Manche Steine ähneln der Form eines Tieres oder sind wie ein Herz geformt.

Die Steinrassel

Ab 8 Jahren
ohne Anleitung

Ein Rhythmusinstrument zum Musizieren könnt ihr bestimmt immer gebrauchen. Mit Hilfe einer kleinen verschließbaren Dose (Kaffeedose), Papier, Farben und gesammelten kleinen Steinen könnt ihr eine hervorragende Rassel herstellen, die jeden Rhythmus mitmacht. Die Steine, die ihr hierzu sammeln müsst, sollten ziemlich klein sein. Eine Handvoll Steine pro Rassel sind genug.

Material

- Kleine Dosen
- Kleine Steine
- Paketklebeband
- Klebstoff
- Schere; Zeichen- oder Tonpapier
- Malkasten
- Pinsel

1 Die leere Dose mit einer Handvoll kleiner Steine füllen. Die Dose schließen und den Deckel mit Klebeband gut befestigen. Achte darauf, dass das Klebeband nicht zu viele Falten wirft.

2 Zum Verzieren der Dose ein entsprechend großes Blatt Papier mit Farben und Pinsel gestalten. Wenn du willst, kannst du die Dose mit Tonpapier verkleiden und dieses auch bemalen.

Die Dosen dürfen nicht zu hoch mit Steinen gefüllt werden, da sonst der »Rasseleffekt« verloren geht. Eine Handvoll Steine für eine kleine Dose genügt.

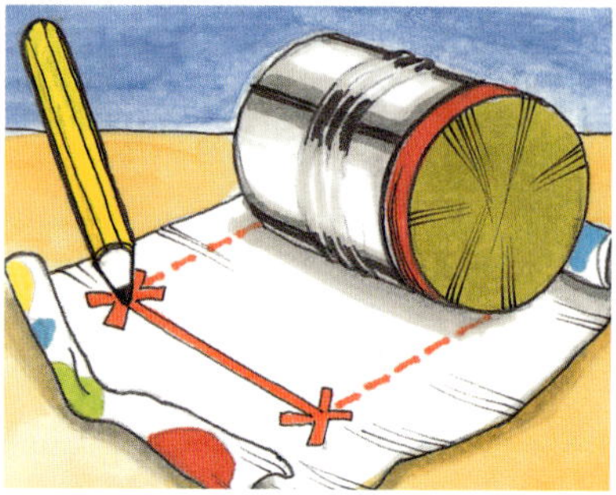

3 Um die Höhe zu ermitteln, legst du die Dose auf das Papier und markierst das obere und untere Dosenende. Ziehe dazu mit einem Bleistift eine Linie.

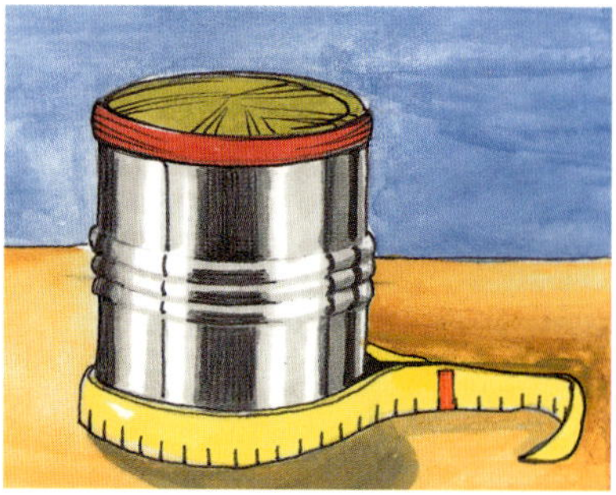

4 Für die benötigte Papierbreite misst du mit einem Maßband den Umfang der Dose und gibst 2 cm dazu. Schneide anschließend den Streifen Papier aus.

5 Deckel und Boden deiner Rassel kannst du ebenfalls verkleiden. Lege die Dose auf das Mal- oder Tonpapier, zeichne den Umriss nach und schneide die zwei Kreise sorgfältig aus.

6 Jetzt kannst du auch die Deckelkreise bemalen. Zum Schluss klebst du die Kreise auf Boden und Deckel und den Streifen um die Dose. Drücke die Papierränder nochmals fest an die Dose.

Rasseln sind Perkussionsinstrumente; das sind Instrumente, bei denen Töne und Geräusche durch Schlagen oder Schütteln erzeugt werden. Du kennst bestimmt auch andere Schlaginstrumente wie Trommeln, Becken, Xylophone, Bongos oder das Tamburin. Vielleicht triffst du dich einmal mit deinen Freunden zu einer lustigen »Perkussionssession« mit vielen selbst gemachten Rasseln und allem, was sich schlagen, rütteln oder schütteln lässt.

Auf leichte Art lässt sich aus ein paar alten Dosen eine bunte, fröhliche Rasselcombo basteln.

Marmorieren

Ab 7 Jahren unter Anleitung eines Erwachsenen

Marmorieren ist eine sehr alte Färbetechnik. Sie stammt ursprünglich aus Persien und kam im 16. Jahrhundert mit den venezianischen Kaufleuten zu uns. Mit dieser Methode kannst du ganz leicht die fließende Struktur des Marmorsteins auf Papier nachahmen. Am besten marmorierst du gleich mehrere Bögen Papier, mit denen du dann wunderschöne Bucheinbände, Schachteln oder Geschenkkarten herstellen kannst.

Material

- Zeichen- oder Packpapier
- Eine flache Wanne oder ein altes Backblech
- 2 verschiedene Marmorier- oder Stoffmalfarben
- Dicker Pinsel
- Tapetenkleister
- Alte Zeitungen
- Ein Stück Karton (Postkartengröße)
- Zahnstocher
- Paketklebeband

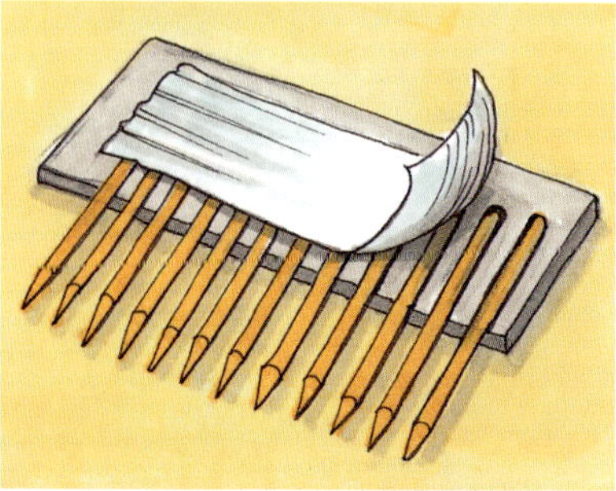

1 Zuerst bastelst du den Marmorierkamm. Klebe dafür die Zahnstocher in gleichmäßigen Abständen (nicht größer als 1 cm) mit dem Klebeband auf den Karton auf.

2 Dann rührst du den Tapetenkleister an. Auf 1 Liter Wasser gibst du 3 Esslöffel Kleister und rührst die Masse mit einem Pinsel oder Schneebesen durch. Den Kleister 10 Minuten quellen lassen.

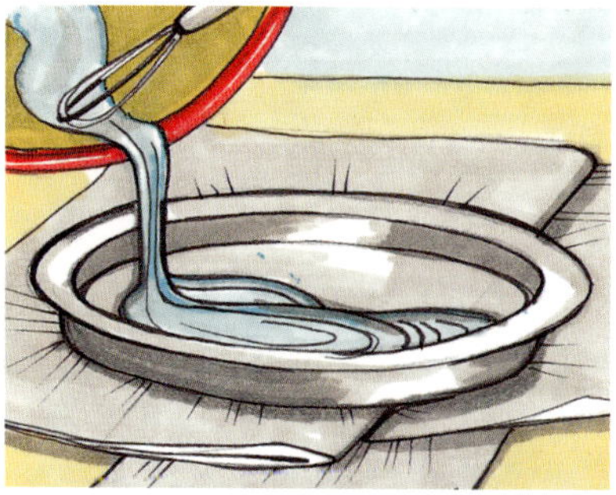

3 Nun deckst du den Arbeitsplatz mit alten Zeitungen ab. Gieße etwas Kleister in die Wanne, so dass sie ungefähr 2 bis 3 cm hoch gefüllt ist.

4 Trage die erste Farbe mit dem Pinsel auf die Kleisterschicht. Die Farbe breitet sich zu Kreisen aus, in die du nun die zweite oder noch weitere Farben tupfst.

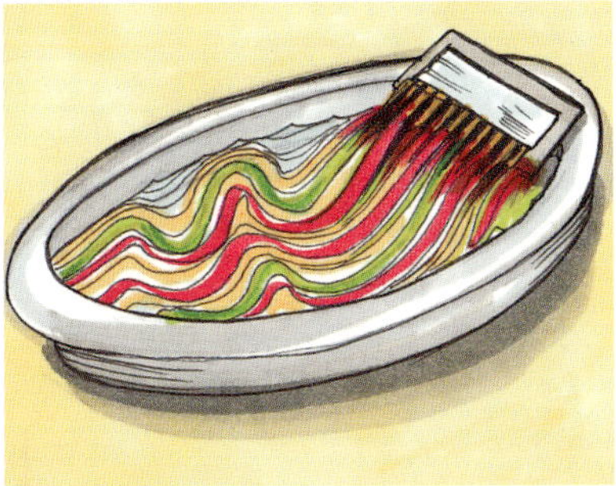

5 Jetzt kämmst du mit dem Marmorierkamm Wellen, Zacken oder Kreise in die Farben. Dabei laufen die Farben auch ineinander, und es entstehen schöne, fließende Muster und Mischtöne.

6 Nun nimmst du dein Papier an zwei gegenüberliegenden Seiten und legst es vorsichtig auf das Farbmuster, das auf der Kleisterschicht schwimmt. Das Papier nimmt das Muster sofort auf.

Marmorieren ist immer auch ein interessantes Spiel mit Farben, das oft verblüffende Effekte hervorbringt. Bei der Wahl der Farben solltest du bedenken, dass beim Kämmen die Farben ineinander laufen und somit Mischfarben entstehen. Verwende deshalb Grundfarben, die gut zueinander passen, wie etwa Rot und Blau oder Gelb und Blau.

7 Spüle das Papier unter fließendem Wasser, bis der Kleister vollständig abgewaschen ist. Dann legst du das Blatt auf die vorbereiteten Zeitungen und lässt es trocknen.

8 Ein Farbmuster kannst du für mehrere Blätter verwenden. Bevor du ein neues Muster erzeugst, gießt du den Kleister mit den alten Farben ab und reinigst die Wanne gründlich.

Wunderschöne Farbeffekte kann man mit dieser Technik erzielen.

Das Labyrinth

Ab 8 Jahren
ohne Anleitung

Mit einem Stück Karton und Steinen gestaltest du einen Irrgarten. Du kannst die Steine einfach auf den Karton legen oder sie auch darauf festkleben. Deine Freunde müssen dann mit Autos oder Figuren den richtigen Weg durch das Labyrinth finden. Je zahlreicher und verschlungener du die Gänge anlegst, desto spannender wird das Spiel. Aber vergiss nicht: Ein Weg muss auch zum Ausgang führen.

Material

- Ein Stück fester Karton (ca. 40 x 50 cm)
- Steine in verschiedenen Größen
- Malkasten
- Pinsel
- Klebstoff

1 Schneide zuerst aus einem Stück festem Karton eine 40 x 50 cm große Auflagefläche aus. Dann malst du mit deinen Wasserfarben den Karton einfarbig oder in einem bunten Muster an.

2 Lege dann mit Steinen die Umrisse deines Labyrinthes fest. Wähle dafür die größeren Steine aus. Anschließend klebst du die Steine fest. Lasse aber Platz für den Ein- und Ausgang frei.

3 Bei den inneren Wegen musst du darauf achten, dass es genügend Sackgassen gibt. Je mehr Wege du baust, umso verwirrender wird das Labyrinth.

4 Achte aber darauf, dass auch ein Weg durch den Irrgarten zum Ausgang führt. Zeichne mit roter Farbe Ein- und Ausgang des Labyrinthes auf den Karton.

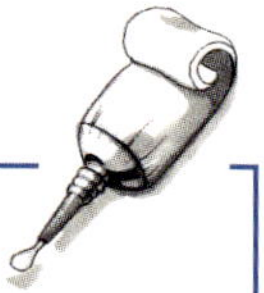

Wenn du die Steine nicht festklebst, kannst du immer wieder einen neuen Irrgarten legen.

Wer findet den Weg durch den Irrgarten?

Ein Stein wandert im Kreis

Ab 6 Jahren unter Anleitung eines Erwachsenen

Dieses Spiel ist schnell und mit einfachsten Mitteln durchzuführen. Besonders lustig ist es, wenn möglichst viele von euch mitmachen – dann wird das Raten nicht so einfach.

Vor dem Spiel sucht ihr einen schönen Stein, den ihr gut in einer Hand verbergen könnt. Die Mitspieler bilden einen Kreis, ein Kind stellt sich in dessen Mitte. Wer in den Kreis muss, könnt ihr vor dem Spiel auslosen oder auszählen. Der Stein wandert unter den Mitspielern im Kreis herum. Der Spieler in der Mitte soll erraten, wo sich der Stein gerade befindet. Es gilt, den Stein möglichst vorsichtig von Hand zu Hand wandern zu lassen. Ihr könnt natürlich auch vortäuschen, den Stein weiterzugeben, während er gerade an ganz anderer Stelle im Kreis wandert. Gibt das Kind in der Kreismitte einen Tip ab, muss der angebliche Besitzer des Steines seine geöffneten Hände vorzeigen. Hält er den Stein tatsächlich in der Hand, muss er in den Kreis und weiterraten. Wenn nicht, bleibt das Kind in der Kreismitte und rät weiter.

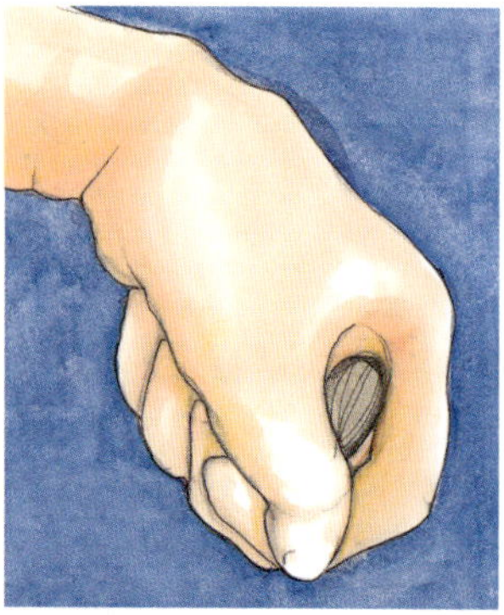

Es geht darum, den Stein so zu verbergen, dass er für das Kind in der Mitte unsichtbar bleibt.

Dieses Spiel könnt ihr im Sitzen oder im Stehen spielen. Wenn ihr wollt, könnt ihr euch auch an den Händen fassen.

Steine hüpfen übers Wasser

Ab 7 Jahren
unter Anleitung eines Erwachsenen

Bestimmt kommt ihr beim nächsten Spaziergang an einem Fluss vorbei – eine gute Gelegenheit, um Steine übers Wasser springen zu lassen. Wie das funktioniert? Erst einmal die physikalische Erklärung: Wenn du einen Finger mit einer langsamen Bewegung ins Wasser steckst, spürst du keinen Widerstand. Schlägst du aber mit der flachen Hand schnell aufs Wasser, fühlt sich das fast so hart an wie ein Brett. Das liegt am Trägheitsprinzip: Das Wasser weicht erst nach einer Weile aus. Genauso funktioniert es beim Stein. Wirfst du ihn schnell im flachen Winkel übers Wasser, wird er reflektiert wie auf festem Boden. Wie sollt ihr den Stein nun übers Wasser werfen? Es ist gar nicht so schwierig, wenn ihr die folgenden Hinweise beachtet. Sucht euch möglichst flache Steine, denn die springen besonders oft auf. Ihr müsst den Stein flach über das Wasser werfen. Dabei soll er mit einer flachen Seite auf die Wasseroberfläche treffen.

Einfach ausprobieren! Nach einigen Trainingswürfen entwickelt ihr bestimmt ein Geschick für diese Würfe.

Nehmt den Stein mit der flachen Seite nach oben zwischen Zeigefinger und Daumen und schleudert ihn aus dem Handgelenk in großem Bogen übers Wasser. Ihr werdet staunen! Der Stein versinkt nicht beim ersten Auftreffen im Wasser, sondern springt wie von Zauberhand berührt noch mehrere Male in die Höhe, bevor er endgültig im Wasser versinkt. Nicht aufgeben, wenn's beim ersten Mal nicht klappt. Übung macht den Meister!

Den Stein wirft man locker aus dem Handgelenk über das Wasser.

Familie Stein

Ab 6 Jahren unter Anleitung eines Erwachsenen

Aus unterschiedlich geformten und gefärbten Kieselsteinen, die du beim Spazierengehen am Flussufer gesammelt hast, kannst du eine ganze »Familie Stein« basteln: Vater, Mutter und Kinder, Freunde, Nachbarn, Tiere. Es macht jede Menge Spaß, wenn die Figuren allmählich Gestalt annehmen. Nach dem Kleben malst du Gesichter und Kleider auf, Wollreste ergeben witzige Frisuren.

Material

- Gesammelte Kieselsteine
- Kleiner Eimer; Spülmittel; alte Gemüsebürste
- Kraftkleber; Pinsel; Plakafarben; Klarlack
- Wollreste; Schere

1 Gib etwas Spülmittel und warmes Wasser in einen Eimer. Lege deine Steine hinein und säubere sie mit einer alten Gemüsebürste. Anschließend lässt du sie gründlich trocknen.

2 Für die Füße deiner Steinfigur suchst du möglichst kleine, flache Steine. Dann wählst du größere, eher rundlich geformte Steine für die Körper und mittelgroße für die Köpfe dazu aus.

3 Schau dir die Formen deiner gesammelten Steine nochmals genau an: Entdeckst du da etwa einen Rucksack, eine Tasche oder eine Nase?

4 Achte dann bei der Zusammenstellung der Figuren darauf, dass zwischen den einzelnen Steinen einer Figur eine möglichst große Klebefläche besteht.

Für die Steinfamilie brauchst du unterschiedlich große Kieselsteine: große für die Körper, kleinere für die Köpfe und ganz kleine für die Füße.

5 Bestreiche die Berührungspunkte der einzelnen Steine mit Kleber und drücke die Steine fest aneinander. Warte, bis der Kleber fest ist. Überprüfe, ob die Steine zusammenhalten.

6 Klebe auf diese Weise immer den nächsten Stein an die Figur. Achte darauf, dass sie fest steht und nicht so leicht kippt. Ist das Männchen fertig, lässt du es einige Stunden trocknen.

Vielleicht hast du zu Hause ein Tierlexikon, aus dem du dir Ideen für deine Tiere-sammlung holen kannst. Welche Tiere interessieren dich besonders? Sind es die Tiere unserer Heimat oder fremde, exotische Tiere? Versuche ihre Formen und Farben genau zu erfassen: Wie sieht ihr Körper aus, der Kopf, die Füße, die Ohren usw.? Und dann machst du dich auf die Suche nach den passenden Steinen…

Mit ein paar kleinen Arbeiten kannst du dir ein fröhliches buntes Tierreich aus Stein basteln.

Natürlich muss deine Steinfamilie auch irgendwo wohnen. Du kannst für sie auf einem großen Brett oder im Garten mit Erde, Sand, Steinen und Pflanzen ein gemütliches Zuhause bauen. Wie wäre es denn mit dem Gebilde aus Stein von Seite 26?

7 Male zuerst das Gesicht, dann den Körper mit den Kleidern und zum Schluss die Füße oder Schuhe. Versuche dabei so weit wie möglich in die Zwischenräume zu malen. Lass die Farben gut trocknen.

8 Hast du einer Figur aus deiner Steinfamilie noch keine Haare gemalt, so bekommt sie jetzt eine Wollperücke. Überlege dir eine lustige Frisur und suche einen passenden Wollrest aus.

9 Schneide mehrere ungefähr 12 cm lange Wollfäden zu. Binde die Wollfäden anschließend in der Mitte zusammen. Nun klebst du die Perücke auf den Kopf deiner Steinfigur und schneidest sie zu.

10 Für eine Frau oder ein Mädchen kannst du hübsche Zöpfe flechten oder lustige Locken legen. Männer können neben einem flotten Haarschnitt auch einen Schnurrbart aus Wolle tragen.

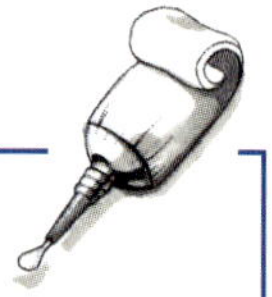

Wenn du deine Steinfamilie noch mit Klarlack überziehst, glänzen die Figuren besonders schön.

Jedes Mitglied dieser Steinfamilie sieht ganz besonders gut aus.

Das Steinspiel

Ab 7 Jahren
unter Anleitung eines Erwachsenen

Starten darf, wer als Erster eine 6 würfelt, dann geht's weiter im Uhrzeigersinn. Gezogen wird immer die gewürfelte Augenzahl. Kommst du mit deinem Spielstein auf einen grünen Punkt, darfst du 3 Felder vorrücken. Beim roten Punkt musst du 3 Felder zurück, beim blauen eine Runde aussetzen. Werfen ist erlaubt. Wer geworfen wurde, muss von vorne anfangen. Sieger ist, wer als Erster ins Ziel kommt.

Material

- Ein Stück weißer Baumwollstoff (ca. 32 x 32 cm)
- Schere
- Eine Kartoffel
- Messer
- Malkasten
- Pinsel; Steine

1 Schneide zuerst die Kartoffel in der Mitte auseinander. Zeichne einen Kreis (Durchmesser 2–4 cm) auf eine Hälfte und schneide ihn mit einem spitzen Messer vorsichtig aus.

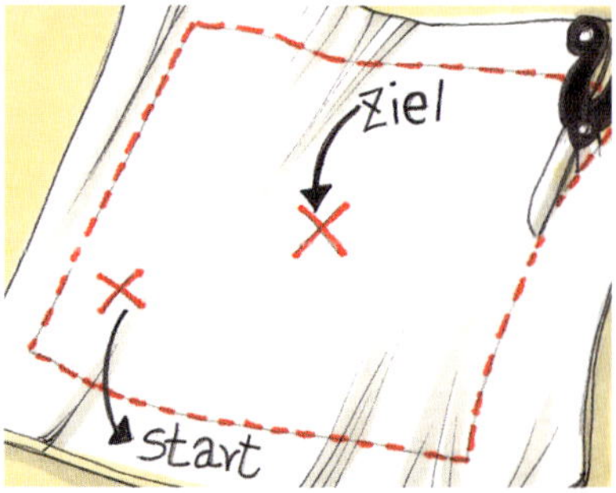

2 Danach schneidest du mit der Schere ein Quadrat aus dem Stoff aus. Lege als Nächstes Start und Ziel des Spiels auf dem Stoffquadrat fest. Sie sollten weit genug voneinander entfernt liegen.

3 Nun druckst du mit dem Kartoffelstempel die Spielfelder so auf, wie oben gezeigt. Start und Ziel druckst du in der Farbe Orange.

4 Drucke immer alle Felder einer Farbe. Dann wäschst du deinen Kartoffelstempel gründlich und druckst die nächste Farbe nach Vorlage.

Dieses Spiel kannst du auch gut auf Reisen mitnehmen. Lege die Steine einfach ins Tuch und verknote die Enden fest miteinander – fertig ist dein Spielpaket für unterwegs!

5 Wenn du mehrere Stempel zuschneidest, kannst du die verschiedenfarbigen Spielfelder auch gleichzeitig drucken. Achte darauf, dass die verschiedenen Stempel gleich groß sind.

6 Nun benötigst du für jeden Mitspieler noch einen kleinen Stein. Sucht euch möglichst unterschiedlich aussehende Steine, damit ihr sie beim Spielen nicht verwechselt.

Das Spielbrett ist ein weißes Baumwolltuch, das du mit einem Kartoffelstempel gestaltest; deine Spielfiguren sind gesammelte Steine, die möglichst unterschiedlich sein sollten und nicht größer als die Spielfelder. Du brauchst nur noch einen Würfel – und schon beginnt der Wettlauf!

Dieses lustige Steinspiel ist überall schnell ausgebreitet und wieder zusammengepackt.

Ein Gebilde aus Stein

Ab 7 Jahren
unter Anleitung eines Erwachsenen

Material

- Gesammelte Steine
- Fester Karton oder Holzbrett als Unterlage; Klebstoff
- Eventuell Plakafarben und Klarlack
- Gräser oder Pflanzen

Wer hat schon einen Garten in seinem Zimmer? In diesem Garten aus Stein finden alle deine Lieblingssteine Platz. Wann immer du möchtest, kannst du dich davor setzen, etwas Neues entdecken – oder ein paar Steine versetzen… Bevor du dich an die Arbeit machst, sammelst du möglichst viele unterschiedliche Steine. Denn so vielfältig wie die Steineauswahl wird später auch dein Steingarten.

1 Zuerst die Steine in warmem Wasser gut säubern und gründlich trocknen lassen. Stelle dann die Unterlage auf die Arbeitsfläche. Achte darauf, dass die Unterlage fest genug ist.

2 Nun überlegst du, wie du deinen Garten bauen möchtest. Welche Steine gefallen dir am besten und sollen besonders ausgestellt werden? Zeichne einen groben Plan von deinem Garten.

3 Klebe als erste Schicht kleinere Steine auf die Unterlage. Nach dem Trocknen des Klebers verteilst du die anderen Steine nach Plan oder wie es dir gefällt.

4 Nun fügst du deinem Garten Gräser, Zweige oder kleine Pflanzen wie Kakteen hinzu. Zum Schluss kannst du einzelne Steine noch mit Farben bemalen.

Achte bei der Planung deines Steingartens darauf, dass die großen Steine hinten und die kleinen weiter vorne liegen, damit man sie alle gut sehen kann.

Aus Steinen und Pflanzen entsteht ein idyllischer Garten für drinnen.

Hüpf in den Himmel

Ab 7 Jahren ohne Anleitung

Diese Spiele sind geeignet für kleinere Gruppen von zwei bis vier Kindern. Ihr könnt euch Preise für den Sieger ausdenken – und für die Mitspieler natürlich auch.

Auf einem Bein in den Himmel und wieder zurück, das macht Spaß.

Zeichne mit Kreide die Felder auf den Boden, wie du sie auf der Abbildung oben siehst. Wirf einen Stein auf das Feld Nummer 1. Dann hüpfst du auf einem Bein über das Feld 1 hinweg auf Feld 2 und weiter von Kästchen zu Kästchen. Dabei darfst du keine Linie berühren, sonst scheidest du aus. Erreichst du den Himmel, so darfst du mit beiden Beinen auftreten. Dann musst du wieder auf einem Bein zurückspringen, bei Feld 1 hebst du den Stein auf und nimmst ihn mit. Nun musst du den Stein in Feld 2 werfen. Triffst du daneben, scheidest du aus. Ansonsten musst du bei dieser Runde Feld 2 überspringen. So geht's weiter mit allen Feldern, bis du im Himmel angekommen bist. Wenn ein Spieler einen Fehler macht, darf der nächste sein Glück versuchen. Sieger ist derjenige, der am weitesten kommt.

Hüpfspiel »Schnecke«

Ab 7 Jahren
ohne Anleitung

Für diese Hüpfspiele braucht ihr farbige Straßenmalkreide, die man fast überall kaufen kann. Der nächste Regen wäscht die Kreide wieder weg – und schafft Platz für ein neues Spiel!

Zeichne mit farbiger Kreide eine Schnecke auf den Boden, wie du sie auf der Abbildung unten siehst. Spring auf einem Bein von einem Feld zum nächsten. Begonnen wird bei der 1. Gleichzeitig musst du mit dem Fuß, der springt, einen Stein vorwärts kicken. Dein Fuß darf dabei jedoch keine Linie berühren.
Du hast drei Versuche pro Sprung. Misslingen sie, musst du bis zur nächsten Runde warten. Sieger ist, wer die meisten Durchgänge ohne Fehler schafft.

Ein buntes Schneckenhaus als Spielfeld und ein Stein zum Kicken – das Spiel kann beginnen.

Du springst durch das Schneckenhaus nach innen ins Ziel. Aber den Stein nicht vergessen!

Das Steinaquarium

Ab 8 Jahren
ohne Anleitung

Sicherlich ist jeder von euch schon einmal fasziniert vor einem Aquarium gesessen und hat sich von der stillen Welt unter Wasser verzaubern lassen. Auch Steine entfalten im Wasser ihre ganze Pracht. Ihre Farben leuchten kräftig, und ihre Strukturen treten deutlich hervor. In diesem Steinaquarium kannst du deine Steinesammlung aufbewahren und gleichzeitig wirkungsvoll präsentieren.

Material

- Gesammelte Steine
- Eimer; Spülmittel
- Gemüse- oder Spülbürste
- Feines, großes Sieb
- Großes Glasgefäß
- Sand oder feiner Kies

1 Zuerst wäschst du die Steine gründlich mit warmem Wasser. Danach füllst du den Sand oder den Kies in ein großes, feines Sieb und wäschst ihn gründlich unter fließendem Wasser.

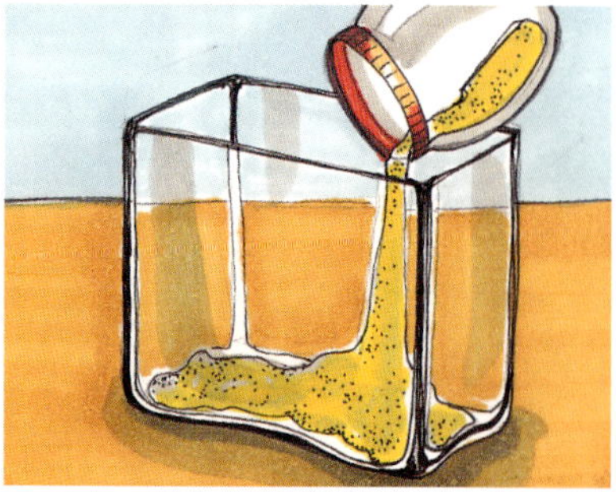

2 Nun füllst du den Sand in das Glasgefäß. Wenn du ihn in den Ecken etwas höher schichtest, sieht der Sandboden anschließend aus, wie von echten Wellen im Wasser geformt.

3 Schichte deine Steine in das Aquarium. Verteile sie nach Größe, Form und Farbe. Wenn du möchtest, kannst du auch mehrere Steine aufeinander legen.

4 Zuletzt füllst du dein Aquarium mit Wasser auf. Lasse das Wasser langsam einlaufen, damit deine Steineanordnung nicht durcheinander gerät.

Mit Schätzen aus dem Garten, wie schön geformten Gräsern, Hölzern oder Rinden, kannst du das Aquarium noch interessanter gestalten. Vielleicht hast du auch noch ein paar bunte Murmeln, die dann geheimnisvoll aus der Tiefe leuchten.

Mit oder ohne Wasser lädt diese steinerne Vielfalt zum Betrachten ein.

Über die Autorin

Lena Wellnhofer war viele Jahre als Redakteurin tätig. Neben zahlreichen Artikeln zum Thema »Handarbeiten« hat die begeisterte Bastlerin bereits mehrere Sachbücher veröffentlicht. Das Ziel von Lena Wellnhofer ist es vor allem, Kinder spielerisch zu fördern.

Bildnachweis

Alle Bildmotive stammen von Angela Francisca Endress mit Ausnahme von: IFA, Taufkirchen: 2 (BCI), 3 (Schösser), 9 (Comnet); Kargl Christian, München: Titelbild; Velten Heidi, Isny: 4, 8, 18, 19, 28, 29

Hinweis

Das vorliegende Buch ist sorgfältig erarbeitet worden. Dennoch erfolgen alle Angaben ohne Gewähr. Weder Autorin noch Verlag können für eventuelle Fehler oder Schäden, die aus den im Buch gemachten praktischen Hinweisen resultieren, eine Haftung übernehmen.

Impressum

Redaktion:
Elisabeth Hammerl
Projektleitung:
Sylvia Wohofsky
Redaktionsleitung:
Nina Andres
Illustrationen:
Susanna Grigoletto
Bildredaktion:
Bettina Huber
Umschlag/Layout:
Manuela Hutschenreiter
DTP/Satz:
Mihriye Yücel
Produktion:
Manfred Metzger
Druck: Color-Offset, München
Bindung: R.Oldenburg, München
Printed in Germany

Gedruckt auf chlor- und säurearmem Papier

ISBN 3-517-07625-2